…DOUIN-DUMAZET

LE

…ONEL BOURRAS

RAPPORT

SUR LES

…ÉRATIONS

DU

…PS FRANC

…S VOSGES

…BRAIRIE MILITAIRE

…GER-LEVRAULT & Cie

PARIS

…DES BEAUX-ARTS

…MAISON A NANCY

1892

Prix : 60 centimes.

LE COLONEL BOURRAS

NANCY, IMPRIMERIE BERGER-LEVRAULT ET Cie.

COLONEL BOURRAS

COMMANDANT LE CORPS FRANC DES VOSGES (1870-1871)

ARDOUIN DUMAZET

RÉDACTEUR MILITAIRE ET MARITIME DU « TEMPS »

LE COLONEL BOURRAS

RAPPORT DU COLONEL

SUR LES

OPÉRATIONS DU CORPS FRANC DES VOSGES

LIBRAIRIE MILITAIRE BERGER-LEVRAULT ET Cie

PARIS — 5, RUE DES BEAUX-ARTS | NANCY — 18, RUE DES GLACIS

1892

I

LE COLONEL BOURRAS

M. Jules Bourras, que son frère avait attaché à l'intendance du corps franc des Vosges et qui s'est voué avec tant d'ardeur et d'affection fraternelles à la glorification posthume du vaillant soldat, nous a prié de publier le rapport manuscrit trouvé dans les papiers du colonel et qui doit être considéré comme le canevas du document déposé aux archives de la campagne de 1870.

Ce rapport mérite en effet d'être imprimé, au moment où l'on inaugure la statue de Bourras dans son bourg natal. C'est une œuvre absolument impersonnelle, dans laquelle le chef du corps franc des Vosges s'est effacé avec une modestie et un désintéressement qui complètent cette belle figure de soldat. Même à côté du livre si complet consacré par le commandant Wolowski à son ancien chef et à ses compagnons d'armes, on lira avec intérêt ce document d'une sobriété toute militaire.

Je n'ai pas eu l'honneur de marcher sous les ordres du colonel Bourras pendant la campagne. La compagnie dont je faisais partie — francs-tireurs du Rhône attachés comme éclaireurs à la division Cremer, puis au 24e corps — ne fut versée au corps franc des Vosges que plus tard, quand, après avoir réussi comme celui-ci, au prix de dangers et de fatigues inouïs, à échapper à l'internement en Suisse, elle put gagner Gex et enfin Lyon.

Mais, à la division Cremer, nous avions contact fréquent avec le corps franc des Vosges, nous avions appris à apprécier l'ardeur et le courage de ces camarades. Dans les villages où ils avaient passé, les habitants faisaient l'éloge de leur discipline, et ne parlaient de leur chef qu'avec une véritable vénération.

Au mois de février, nous fûmes incorporés au Corps Franc, à Trévoux. Le colonel Bourras vint voir nos deux compagnies, accompagné du capitaine Pistor qui avait à peine vingt ans et qui devait reprendre à l'École polytechnique ses études interrompues. Le colonel nous fit une impression puissante. La tête était pensive, la barbe noire faisait ressortir la matité brune du visage. Les yeux étaient à demi voilés, pleins d'une mélancolie profonde. Mais lorsque, après nous avoir parlé un instant, il évoqua les tristes heures de la défaite et nous dit son espoir dans la lutte qu'il croyait prête à recommencer, des éclairs jaillirent de ces yeux tout à l'heure à demi clos.

La tête se redressa ; les moins éclairés d'entre nous comprirent qu'ils avaient devant eux un meneur d'hommes.

Ce fut bien la qualité maîtresse de Bourras que cette science de mener les hommes. Si, au lieu d'être arrivé dans son arme, le génie, à la force du poignet, par son seul mérite, il avait passé par l'école, peut-être son avancement eût-il été moins lent et eût-il pu donner davantage sa mesure.

Mathias-Alphonse Bourras était né à Pompignan (Gard) le 24 février 1836, d'une famille de petite bourgeoisie. A 10 ans, il entrait au collège Stanislas de Nîmes et y restait jusqu'à 18 ans. Stanislas est une école ecclésiastique ; c'est de là, cependant, que Bourras sortait, en mai 1854, pour s'engager dans le régiment du génie, en garnison à Montpellier.

Le jeune homme avait puisé au collège la connaissance des sciences exactes. Aussi, à cette époque où l'avancement était rare, et dans une arme jalouse de ses origines : l'École polytechnique, fit-il un chemin assez rapide. Il était caporal le 1er janvier 1855, en 1859 il prit part comme sous-officier à la campagne d'Italie et enfin, en 1862, c'est-à-dire au bout de huit ans de service, il obtint l'épaulette de sous-lieutenant.

Il était lieutenant en 1867 et faisait partie du corps de Failly au moment de l'expédition de Garibaldi contre Rome. Celui qui devait être, avec le héros italien, un des chefs les plus en vue dans la campagne de l'Est, eut à combattre contre les chemises rouges. Sa conduite à Mentana lui valut la citation à l'ordre du jour et la croix de Saint-Grégoire-le-Grand.

Après sa campagne d'Italie, il fut envoyé en Algérie, pays où il a laissé d'excellents souvenirs. Il était capitaine au moment de la déclaration de guerre. Sa compagnie ne fut pas désignée pour prendre part à la campagne, mais il sollicita avec tant d'ardeur son envoi à l'armée qu'il obtint enfin cette faveur.

Il assista à la plupart des combats livrés jusqu'à la bataille de Sedan. Fait prisonnier dans cette néfaste journée, il se refusa à signer le *revers* et réussit à s'évader. Il se rendit aussitôt à Paris pour se mettre à la disposition du gouvernement de la Défense nationale.

Celui-ci se préoccupait alors non d'arrêter l'invasion, tâche impossible, mais au moins de l'entraver, afin de retarder l'heure de l'investissement de Paris. Des officiers furent envoyés dans les Vosges pour prêter leur concours au préfet George[1] et au

1. Actuellement président de chambre à la Cour des comptes.

général Cambriels qui s'efforçaient de grouper les corps francs, les mobiles, les dépôts de régiment et les échappés des batailles livrées en Alsace et en Lorraine. Trois d'entre eux, les capitaines du génie Varaigne, actuellement commandant de la division des Vosges, Bourras et le capitaine d'artillerie Schædlin, arrivèrent ensemble.

Bourras fut chargé d'organiser les bandes réunies en compagnies de francs-tireurs; Varaigne et Schædlin furent mis à la disposition du général Cambriels, commandant de l'armée des Vosges. Le second devait tomber peu après, à la malheureuse bataille de la Bourgonce.

Bourras, à la vue des hommes qu'il avait à commander, fut pris de découragement. Ce soldat habitué à mener une compagnie disciplinée, dans un corps d'élite, désespéra un instant de tirer parti de ces adolescents, de ces paysans, de ces citadins groupés d'une façon disparate, mal armés, à peine vêtus. Cependant il ne voulut pas abandonner sa tâche sans l'avoir tentée.

Il déclara à M. George et à ses hommes qu'il n'organiserait le corps franc des Vosges que si l'attitude des francs-tireurs était bonne devant l'ennemi. Dès les premiers engagements, voyant la crânerie de ses petits soldats, Bourras écrivait qu'il acceptait.

A partir de ce moment, Bourras se révéla. Il dut tout faire à la fois. Il fallait nourrir, armer, équiper ses troupes. Sans cesse debout, dormant à peine, il imprimait à son corps franc une cohésion bien rare alors dans l'armée. Ses officiers durent user de subterfuge pour l'obliger à se reposer. Un sergent de son régiment, nommé Boulay, échappé de Sedan, lui aussi, qu'il avait rencontré à Épinal et à qui il confia le commandement d'une compagnie, eut seul assez d'ascendant sur lui pour l'amener à dormir sur un lit. Nos camarades, aujourd'hui encore, ne parlent du colonel qu'avec un respect attendri.

Il n'est plus, et cependant encore, c'est lui qui préside aux relations amicales qui unissent ses anciens soldats, il n'est question que de lui dans nos entretiens.

Son rapport ne dit pas quelle appréhension il causait aux Allemands. Dans un des livres publiés par nos ennemis, on évalue à 10,000 hommes l'effectif du corps franc des Vosges et l'on attribue à ce nombre considérable de partisans la prudence avec laquelle l'armée allemande avançait. En réalité, même avec les troupes régulières, mobiles ou mobilisés, qui lui furent parfois adjointes, jamais Bourras n'eut plus de 2,500 hommes sous ses ordres.

L'ennemi avait du reste une réelle estime pour Bourras. Un franc-tireur, Mesnil d'Arbois, ayant été martyrisé puis fusillé par les Allemands, le chef du corps franc des Vosges écrivait au général de Werder :

De mon quartier général de Nuits,
Novembre 1870.

Général,

Je suis ce commandant du *Corps franc des Vosges* qui vous suit depuis la Bourgonce. Les pertes que je vous ai déjà fait subir dépassent deux fois mon effectif.

Je vous somme dès aujourd'hui de faire participer mes troupes aux usages de la guerre, comme belligérants entre peuples civilisés, c'est-à-dire que, si mes hommes tombent entre les mains des vôtres, ils auront la vie sauve, ou alors, forcé d'user de représailles, je ferai fusiller, à vos avant-postes, les nombreux prisonniers que je vous ai faits. . . . .

BOURRAS.

Et le général ennemi répondait :

Colonel,

J'ai reçu votre honorée lettre, m'informant qu'un acte, que je qualifie d'odieux, avait été commis sur la personne d'un de vos francs-tireurs.

Je regrette ce fait. Je vais ordonner une enquête à ce sujet et faire rechercher les coupables, pour lesquels j'ordonnerai une punition exemplaire. . . . .

Dijon, novembre 1870.

DE WERDER.

Gambetta appréciait hautement le hardi capitaine dont il avait fait un colonel. Le 25 novembre 1870, il le nommait chevalier de la Légion d'honneur et faisait rendre un décret qui donnait au corps franc des Vosges une autonomie complète et à son chef des pouvoirs étendus.

Pendant la retraite de l'armée de l'Est, Bourras se montra sous tout son jour. Nos régiments entraient en Suisse. Tout autour du corps franc se fermait le cercle ennemi. Le colonel réunit ses officiers, leur dit qu'ils étaient libres de suivre le mouvement général, mais que, pour lui, il allait où était le devoir, en essayant de gagner un point que l'armistice garantissait de toute attaque et d'où il pourrait encore être utile au pays. Officiers et soldats jurèrent de le suivre. C'est cette scène que le sculpteur Morice a voulu rendre en montrant le colonel désignant à son corps d'officiers la route à prendre pour échapper à la captivité ou à l'internement.

A Trévoux, il se mit avec une ardeur fiévreuse à la réorganisation de sa troupe. L'ancien corps franc, les compagnies qui y furent versées reçurent une instruction militaire complète. L'artillerie, la cavalerie, l'infanterie, formaient une masse homogène, prête à rendre de nouveaux services. Aussi notre chagrin à tous fut-il vif quand arriva l'ordre du licenciement. Le colonel prit congé de nous dans une revue passée sur la rive droite de la Saône, dans une belle prairie. Cette unique solennité du corps franc a laissé chez tous un ineffaçable souvenir.

J'ai revu Bourras, depuis lors, au milieu de circonstances difficiles, quand il fut placé comme général auxiliaire à la tête des gardes nationales du Rhône. L'homme n'était plus le même. Dans le grand salon de l'Hôtel de ville, où il fallait sans cesse parlementer avec les chefs possibles de l'insurrection latente, je le revois, morne, affaissé, découragé. J'allais lui demander de faire céder pour moi le décret qui empêchait les engagements volontaires. En retrouvant un de ses petits francs-tireurs, il eut un mouvement de joie, je retrouvai le chef énergique, mais il me dit tristement : « Je ne puis rien maintenant, nous sommes oubliés. »

Bourras cependant venait de montrer qu'il avait encore de la vigueur. A la tête d'une partie du corps franc, 80 cavaliers, pour laquelle le licenciement avait été suspendu, il ramena la tranquillité dans Saint-Étienne où le préfet, M. de l'Épée, avait été assassiné.

Le 28 avril 1871, on reconnut les services du général Bourras en le nommant officier de la Légion d'honneur.

Il conserva son grade de général et son commandement jusqu'au mois de septembre 1871. A cette époque il fut remis chef de bataillon du génie par la commission de revision des grades. Il méritait mieux ; cependant, il venait seulement d'être proposé pour le grade de lieutenant-colonel quand en 1880, le 6 février, à 46 ans, il mourut, brisé par une carrière active, miné par l'âpre souvenir de la défaite. Son dernier mot dans son agonie fut :

— Mes petits francs-tireurs !

Dans son arme, malgré son origine de soldat de fortune, Bourras était très estimé.

Plusieurs de ses travaux, notamment un mémoire sur les *Opérations préliminaires du siège de Toulon,* lui ont valu des félicitations officielles.

Un de ses frères, capitaine du génie, maintient dignement dans l'armée le nom du glorieux soldat auquel ses compagnons d'armes ont voulu élever un monument. Nous avons dû à la reconnaissance nationale de voir cette œuvre pieuse si promptement couronnée de succès.

Nous laissons maintenant la parole au colonel Bourras. Voici le rapport dans lequel il a raconté, jour par jour, la part qu'il a prise dans la défense nationale.

ARDOUIN-DUMAZET,
Ancien sous-officier au corps franc des Vosges.

II

LE CORPS FRANC DES VOSGES

(RAPPORT DU COLONEL BOURRAS.)

Vers le 15 septembre, quelques officiers de l'arme de l'artillerie et du génie, qui avaient eu l'heureuse chance de s'échapper des mains des Prussiens à la suite de Sedan, arrivaient à Épinal avec mission d'organiser la défense.

Le préfet George s'occupait activement depuis quelques jours d'armer les communes, de réveiller l'esprit patriotique des populations paralysé par des désastres successifs et inconnus jusqu'à ce jour. Dès l'arrivée de ces officiers, l'impulsion fut donnée et on s'occupa soit de construire quelques retranchements dans les différents cols des Vosges, soit de réunir, d'armer et de dresser à la hâte les quelques troupes qui se trouvaient éparses dans la contrée.

Plusieurs compagnies de francs-tireurs voyageaient dans le pays, mais ne rendaient pas grand service, leur commandement n'étant nullement centralisé, et leur position militaire dépendant presque absolument de leur capitaine commandant.

De même, depuis l'invasion de l'Alsace, une quantité considérable de jeunes gens passait par Épinal pour aller prendre du service en France et combattre l'étranger.

Pendant que les autres officiers s'occupaient, soit de retrancher les cols des Vosges, soit de recevoir et d'organiser les bataillons de mobiles qui arrivaient successivement, le capitaine du génie Bourras reçut la mission de coordonner l'action des compagnies de francs-tireurs en les rattachant directement au commandement militaire, avec pouvoir de licencier et de désarmer celles qui ne voudraient point se soumettre aux ordres de l'autorité militaire. Il fut, en même temps, chargé de former les jeunes Alsaciens et Lorrains en compagnies de 100 à 120, de leur donner des cadres, les effets d'habillement indispensables, de les armer et de les exercer au maniement des armes. Sa besogne était rude, car on sentait les Prussiens à quelques lieues, et tous ces soldats improvisés étaient appelés à se mesurer avec l'ennemi du jour au lendemain. Néanmoins, tout le monde déployait la plus grande activité, quelques bataillons de mobiles arrivaient, on parvenait à obtenir de Belfort quelques chassepots pour remplacer les fusils à piston que les hommes recevaient avec répugnance. Un peu d'ordre et un peu de force s'établissaient.

Mais notre but n'est pas de raconter tous les événements auxquels nous avons été mêlés; il consiste à faire connaître le plus succinctement les faits et gestes de ces quelques compagnies de francs-tireurs et d'Alsaciens, qui furent d'abord réunies et formées successivement, et qui, plus tard, furent placées sous le commandement de M. Bourras, sous le nom de Corps franc des Vosges.

Les différentes compagnies de francs-tireurs étaient successivement appelées à Épinal, et repartaient ensuite, accompagnées la plupart du temps par un officier d'état-major qui revenait après les avoir installées, avec des ordres pour occuper les divers cols des Vosges.

Quelques-unes des compagnies eurent des engagements partiels qui eurent l'avantage de les familiariser avec le feu.

Le 22 septembre, la 1re compagnie de francs-tireurs de Haute-Saône (capitaine de Perpigna) fut envoyée à Raon-l'Étape pour appuyer deux compagnies du bataillon du commandant Brisach. Ces trois compagnies eurent un engagement heureux le 23 septembre dans la vallée de Celles, à la suite duquel les Prussiens furent obligés de se retirer après avoir subi quelques pertes.

Cette compagnie quitta le 26 Raon-l'Étape, où l'arrivée du colonel Perrin avec 2,000 hommes rendait sa présence inutile et fut envoyée au col du Rouge-Gazon pour en défendre le passage. Le 1er octobre, le capitaine Wolowski partit pour Charmes avec la 2e et la 6e compagnie, dans le but d'empêcher les réquisitions que les Prussiens faisaient aux environs pour ravitailler Nancy et Lunéville.

Le jour même, le capitaine Wolowski allait rechercher à Bayon les fusils qui y avaient été laissés lors du passage des armées à la suite de Frœschwiller. Ayant appris le lendemain que 8 gendarmes prussiens étaient établis à Vézelise, il partit le soir avec une vingtaine d'hommes. Ce village fut cerné pendant la nuit, les Prussiens tués ou faits prisonniers après une courte résistance. Cinq furent amenés à Épinal et nous procurèrent quelques renseignements précieux, les trois autres avaient été tués.

Les Prussiens revinrent plus tard à Vézelise et incendièrent la maison où s'était passée cette affaire.

Le 5 au soir, en prévision d'un combat à la Bourgonce où s'était rendu le général Dupré avec sa brigade, le commandant Bourras reçut l'ordre de partir avec les six compagnies de nouvelle formation qui avaient reçu leurs fusils la veille ou le matin même. Ce détachement partit aussitôt dans la nuit et arriva à Bruyères dans la matinée. Le lieutenant Pistor[1] fut envoyé en avant prendre les ordres du général Dupré, et les compagnies continuèrent leur route. A peine arrivé sur le champ de bataille, ce jeune officier rencontra des compagnies de mobiles qui se repliaient en désordre. Grâce à son énergie, il put les ramener au feu, mais il fut atteint peu d'instants après d'une

1. Aujourd'hui chef d'escadron d'artillerie, attaché à la maison militaire du Président de la République.

balle qui lui traversa la cuisse de part en part sans occasionner de lésion grave. Nous verrons ce jeune officier, plein d'ardeur et de patriotisme, sa blessure à peine fermée, rejoindre le corps franc, dans le mois de décembre.

A notre arrivée dans le voisinage de la Bourgonce, nous eûmes devant les yeux un spectacle navrant : des compagnies entières, des bataillons quittaient le champ de bataille. Les soldats récriminaient contre leurs chefs, une partie s'arrêtaient, les uns pour arranger leur chaussure, les autres pour faire leur toilette; pas la moindre trace de poursuite de la part de l'ennemi et pourtant tout le monde s'en allait.

Le général Dupré, la figure bandée, revenait blessé assez grièvement, navré de ce spectacle. Il nous prescrivit de garnir les bois et de protéger la retraite de la petite armée qui se retira le soir à Bruyères et le lendemain sur la ligne de la Vologne.

Lorsque la nuit fut avancée et qu'on fut certain du repos de l'ennemi, les six compagnies furent placées : une au mont du Repos où se trouvaient déjà les deux compagnies de francs-tireurs bretons, une à la Gravelle, une au mont du Haut-Jacques pour surveiller la route de Saint-Dié, les trois autres comme réserve à Maillefainds dans la vallée des Rouges-Eaux.

Nous croyons devoir faire connaître dès à présent et pour la suite de la campagne, le grand secours que nous donnèrent les cartes d'état-major que le général Trochu nous avait autorisés à prendre au Dépôt de la guerre la veille de notre départ de Paris. On avait profité du séjour d'Épinal pour en faire photographier un certain nombre, de façon à pouvoir en distribuer à chaque commandant de compagnie. Les commandants de détachements connaissant ainsi le pays et l'emplacement de leur voisin, pouvaient exécuter des reconnaissances judicieuses et hardies ; ils ne pouvaient se laisser aller à des paniques, dangereuses surtout en pays de montagnes, et conséquence trop naturelle de l'ignorance[1].

Pendant que l'armée, dont le général Cambriels avait pris le commandement, exécutait quelques

1. Le colonel Bourras eut la chance de trouver, parmi ses hommes, un dessinateur de la Compagnie de l'Est, nommé Guénon, dont il fit son sergent-secrétaire et qui exécuta la copie d'un certain nombre de cartes. Elles rendaient de précieux services. M. Guénon est encore attaché à la Compagnie de l'Est comme dessinateur autographe et de travaux graphiques (A.-B.).

retranchements derrière la ligne de la Vologne, le petit corps qui en était l'extrême avant-garde continuait à occuper les positions prises le 6 au soir et les jours suivants, se familiarisait avec l'ennemi, en allant chercher des effets et équipements à la Bourgonce et se tiraillait avec les patrouilles prussiennes à Nompatelize et à Rougeville.

Le 10, une colonne de 500 Prussiens attaqua le poste du mont Repos, défendu par les deux compagnies bretonnes et trois des nôtres. Après un combat de deux heures dans les bois et derrière les barricades qui coupaient la route de la Bourgonce, les Prussiens se retirèrent avec quelques pertes. Nous eûmes un homme de la 1re compagnie tué dans cette affaire.

Le soir même, d'après les nombreux renseignements indiquant une double attaque de la Bourgonce et de Rambervillers, M. Bourras, nommé officier supérieur, concentra les six compagnies à Maillefainds et prit la route de Bruyères. Toutefois, il s'arrêta à Brouvelieures, point de jonction des routes de Rambervillers et de la Bourgonce sur Bruyères et position avantageuse pour livrer combat au débouché des deux vallées.

Dans la matinée du 11, deux compagnies furent envoyées à Grandvillers et à Autrey sur la route de Rambervillers; une reconnaissance fut dirigée sur Mortagne, chemin de traverse de la Bourgonce.

Vers 11 heures, l'ennemi était signalé dans la vallée de Maillefainds. Les six compagnies sont concentrées en toute hâte et prennent leurs positions de combat.

La 2e compagnie (capitaine Wolowski), sur la pente nord de la forêt du bois de Champ, battant la route, la 10e (capitaine Gérard) à sa droite et occupant la crête avec crochets en avant.

La 3e à gauche de la route, sur le versant sud du bois de Coutimpierre.

Ces trois compagnies sont à peine à leur poste qu'une fusillade fort vive commence.

Pendant ce temps, la 5e compagnie (capitaine Grillet) est placée sur le petit monticule déboisé à l'est de Brouvelieures, faisant face au défilé des Rouges-Eaux.

La 4e compagnie face au nord et au sud du Moulin-Neuf.

La 11e sur les hauteurs en arrière de Brouvelieures surveillant la route de Rambervillers.

La 16e entre Brouvelieures et Vervezelle.

Les capitaines, informés de l'ordre qui avait été adopté, devaient faire tous leurs efforts pour tenir leurs hommes au feu, et se replier en combattant, après avoir dépassé de 300 à 400 pas les compagnies de soutien couchées, dont les capitaines ne devaient faire commencer le feu qu'à très bonne portée.

Ces recommandations furent suivies d'une manière surprenante pour des jeunes troupes, et les Prussiens subirent des pertes sensibles. Le combat continua, soutenu convenablement jusque vers trois heures du soir.

Les pièces d'artillerie que les Prussiens avaient installées près de l'église de Belmont, balayèrent les bois et intimidèrent nos jeunes gens qui combattirent néanmoins jusqu'à la nuit tombante et se reformèrent derrière la Vologne en passant cette rivière à gué à Prey et à Beauménil, les ponts ayant été détruits.

Nous perdîmes dans le combat 35 hommes, plus 2 ou 3 hommes qui furent indignement fusillés à Laval, et quelques disparus.

La 10e compagnie (capitaine Gérard) combattait vraiment pour ses foyers, puisqu'elle était composée des enfants de Bruyères. Une seule section, qui occupait la crête du bois de Champ, prit une glorieuse part à ce combat, et perdit 13 tués, 1 blessé et 2 disparus.

Le général Cambriels avait été tenu au courant de cet engagement, et avait donné dans l'après-midi l'ordre de se replier sur Remiremont, trouvant sans doute sa ligne de défense défectueuse ; la Vologne ne paraît pas constituer un obstacle sérieux et peut être tournée par Gérardmer ou Épinal ; trouvant sans doute aussi son armée trop ébranlée par l'événement précédent pour affronter une nouvelle rencontre.

Le bataillon, fatigué par les marches, les combats et les pluies torrentielles, forma l'arrière-garde et arriva à Remiremont le 12.

Le même jour, l'armée se retirait sur Besançon et le bataillon recevait l'ordre de former l'arrière-garde et d'éclairer la marche des Allemands. Il marcha à petites journées ; le 12, au soir, il s'arrêta à Rupt, le 13 à Corravillers, le 14 à Melisey, le 15 à Lure où il fut rejoint par la compagnie des francs-tireurs de la Haute-Saône et où il séjourna le 16 et le 17.

Pendant ce temps, deux compagnies postées à

Melisey éclairaient les routes du Thillot et de Corravillers. Celle de la Haute-Saône, établie à Citers, surveillait les diverses routes d'Épinal à Lure et à Vesoul. L'ennemi arrivait par plusieurs routes, les compagnies furent concentrées à Lure le 17 et le soir même, quittant cette ville sur des voitures de réquisition, arrivèrent à Marchaux le 18 et à Besançon le 20.

Ce jour même avait lieu à Châtillon-le-Duc un engagement auquel prit part la compagnie du Jura (capitaine Clerc).

Pendant que l'armée de l'Est s'organisait à Besançon, le corps franc reçut l'ordre d'éclairer les routes de Dôle et de Gray. Fort d'environ un millier d'hommes et d'une trentaine de chevaux, il quitta Besançon le 23, et occupa le soir même les villages d'Audeux, Franois, Corcondray et Dannemarie. Les jours suivants, il s'avança sur Marnay et Pin-l'Émagny, et, après quelques coups de fusils entre reconnaissances et patrouilles, il s'établit sur la rive droite de l'Oignon. Les hommes devenaient hardis et plusieurs reconnaissances furent exécutées avec beaucoup d'entrain.

Le 31 octobre, trois compagnies (capitaines

Dautel, Boulay[1], Gérard) partirent de Choye sur Velesmes, où les Prussiens devaient faire une réquisition; elles poussèrent jusqu'à Battrans, à 3 kilomètres de Gray, y soutinrent une vive fusillade qui ne leur coûta que 3 blessés, par suite des bonnes dispositions prises et à la nuit se fixèrent à Ounay et Chantonnay, villages situés à 7 kilomètres de Gray, en attendant le résultat des reconnaissances faites dans l'intérieur même de Gray.

En effet, M. de Lisac, président du tribunal de Lure, qui avait pris les armes comme simple sous-officier de francs-tireurs, était parvenu à entrer dans la ville avec le franc-tireur Bertrand. M. de Lisac ne put revenir que le lendemain, ayant failli être arrêté, et ayant été obligé de se soustraire aux perquisitions qui furent faites à son intention. A son retour et devant le front des troupes, les officiers du corps lui offrirent un revolver d'honneur en témoignage de sa belle conduite.

Nous apprîmes qu'une panique s'était répandue dans la ville à la suite de l'engagement, et il y a lieu de présumer qu'un coup de main exécuté avec quelques milliers d'hommes nous aurait rendus

---

1. Aujourd'hui garde principal du génie à Paris.

maîtres de Gray. Toutefois, l'armée de Besançon ne paraissant pas disposée à appuyer ce mouvement, le corps franc rentra à Besançon laissant deux compagnies sur les hauteurs de Franois pour surveiller les environs.

Pendant les deux jours de séjour à Besançon, les hommes se reposèrent, reçurent les effets indispensables d'équipement et d'armement; on s'occupa d'uniformiser l'habillement qui laissait fort à désirer.

Toutefois, le moral de cette troupe était excellent, les chefs de tout grade qu'on avait improvisés se faisaient à leur métier et exerçaient sur leurs inférieurs une autorité incontestée. Nous reçûmes 2 obusiers de montagne avec une provision réglementaire de projectiles fusants et 30 chevaux. On prit des hommes dans les compagnies pour manœuvrer les pièces et monter à cheval, et le corps franc, comprenant 16 compagnies, 2 pièces et 30 cavaliers, d'un effectif d'environ 1,600 hommes, sortit de Besançon le 3 novembre et, le soir même, occupait la ligne de l'Oignon.

Notre intention était d'essayer une surprise sur Gray en prenant toutes les précautions d'usage pour la réussite d'une pareille opération. Cette ville n'était en réalité qu'un gîte d'étapes pour les troupes allant à Dijon, et se trouvait à certains jours presque totalement dégarnie. Quelques escarmouches eurent lieu entre les détachements envoyés de part et d'autre en reconnaissance. Mais les dispositions durent se modifier par les ordres venus de Besançon le 7. Le général Crouzat ordonnait de nous lier à son mouvement sur Chagny en masquant d'abord la vallée du Doubs en avant de la forêt de Chaux, et ensuite celle de la Loue du côté de Parcey. Ces mouvements se firent sans encombre et le corps occupait le pont de Parcey et la forêt de Chaux entre ce village et Dôle, au moment où l'armée de l'Est arriva à Chagny le 14 novembre.

Quelques cavaliers ennemis ayant été signalés à Dôle, nous nous y portâmes rapidement, mais la garde nationale avait suffi pour chasser la reconnaissance qui était en effet arrivée jusqu'à la gare du chemin de fer.

Suivant l'ordre reçu le 16 d'avoir à se porter dans la forêt de Cîteaux pour éclairer l'armée de l'Est du côté de Dijon, le corps arriva à Seurre le 17 et, le même jour, les compagnies furent portées dans différents villages situés entre la Saône et les collines d'Argilly.

Les jours suivants de petits engagements eurent lieu sur toute la ligne. Le 18, la 2e compagnie arrêta une réquisition à Losne en tuant quelques ennemis.

Les voitures saisies furent remises aux maires de Beaune, Corberon et Argilly pour être distribuées aux indigents. Le même jour, la 4e et la 10e compagnie surprirent une reconnaissance qui laissa quelques hommes entre nos mains.

Dans la nuit du 18 au 19, l'adjudant de Kergariou, avec une douzaine d'hommes des Pyrénées-Orientales, parvint à enlever deux sentinelles ennemies à l'abbaye de Cîteaux.

Le 19, escarmouches entre Broy et Bonnencontre. Le 20 au matin, 3 compagnies (capitaines Dautel, Gérard et Clerc) reçurent l'ordre d'aller reconnaître Vougeot, Gilly et Flagey où une colonne ennemie de 1,200 à 1,500 hommes était signalée.

Cette petite troupe arrivée à Nuits démonta deux cavaliers badois qui précédaient une troupe d'infanterie et s'embusqua immédiatement dans les maisons. La troupe ennemie, forte d'environ

250 hommes, accueillie par un feu de mousqueterie très vif, dut reculer, mais revint bientôt appuyée par une colonne d'environ 1,000 hommes munis de 2 pièces de canon.

Nos francs-tireurs se replièrent sur le flanc de la colline à l'ouest de Nuits, continuèrent le feu, abrités et n'ayant pas à souffrir des feux de l'artillerie ennemie. La lutte menaçant de se continuer sans résultat, les trois compagnies descendirent sur Prémeaux vers 3 heures du soir et y passèrent la nuit. A 6 heures du soir, quelques-uns de nos cavaliers pénétrèrent dans Nuits que les Prussiens évacuèrent quelques instants après.

Cet engagement nous avait coûté 3 blessés plus un franc-tireur de la compagnie du Jura qui, blessé et ne pouvant suivre ses camarades, fut pris par les Prussiens qui le fusillèrent après l'avoir taillé de coups de sabre.

Pour empêcher la reproduction de pareils faits et dans la ferme intention de suivre l'ennemi dans cette voie de représailles, voie d'ailleurs avantageuse à tout peuple envahi, le commandant Bourras fit réunir les quelques prisonniers des jours derniers et écrivit au général Werder en le priant de lui envoyer dans les 48 heures sa manière de voir à ce sujet.

La réponse étant arrivée dans les délais voulus et donnant satisfaction, les prisonniers furent renvoyés[1].

Le général ennemi nous demandait en outre l'envoi d'un officier à Dijon pour indiquer les marques distinctives des diverses compagnies du corps franc.

Le même jour, toutes les compagnies se portèrent sur les hauteurs de Nuits et en occupèrent les différents villages, le centre au village de Chaux avec forts avant-postes à Concœur et Nuits.

Le 22 au matin, des dispositions furent prises pour attaquer la colonne prussienne de Vougeot, d'environ 1,500 à 1,800 hommes, possédant 4 pièces de canon.

Quatre compagnies furent placées dans la ville de Nuits avec ordre de s'avancer sur Vosnes et Vougeot aux premiers coups de canon.

La 5e compagnie fut envoyée à Curley pour préserver notre flanc gauche de tout accident, deux

1 Nous donnons ces documents dans la notice qui précède ce rapport (A.-D.).

compagnies furent laissées à Concœur comme réserve.

Le commandant se mit en route avec les huit compagnies restantes, dont deux compagnies de Marseillais qui nous avaient offert momentanément leur concours et, passant par Concœur et Château-d'entre-deux-Monts, prit le sentier à droite qui conduit sur le plateau dominant le clos de Vougeot.

La difficulté des chemins détrempés par une pluie fine et continue ne nous permit d'arriver que vers 2 heures. Aussitôt une section de la 10e compagnie (capitaine Gérard) descendit en tirailleurs avec mission de s'arrêter et de se cacher dès qu'elle apercevrait l'ennemi. Les instructions étaient de placer les deux pièces sur la hauteur à 1,200 mètres environ du clos et d'ouvrir brusquement le feu. Malheureusement deux sentinelles ennemies placées aux angles tirèrent sur nous et l'action s'engagea immédiatement.

La 1re section de la 10e fut appuyée par la 2e section de cette compagnie et par la compagnie de la Haute-Saône qui reçurent l'ordre d'appuyer légèrement à droite et d'aller garnir les murs du clos.

La 2e et la 7e (capitaines Salmon et Boulay) s'avancèrent en appuyant à gauche, soutenues par une compagnie de Marseillais, et la fusillade devint fort vive sur toute la ligne.

Pendant ce temps, nos deux obusiers de montagne, mis en batterie sur le plateau, ouvraient un feu violent sur les Prussiens qui se hâtaient de quitter Vougeot pour se former en bataille en arrière sur le chemin de Gilly. Après quelques moments de désarroi, les Prussiens mirent 4 pièces en batterie sur la ligne du chemin de fer, en arrière de Vougeot, et couvrirent le plateau de leurs projectiles.

Vers 4 heures les munitions d'artillerie étaient épuisées, les quatre compagnies bordaient le clos de Vougeot, prêtes à se porter en avant. Notre regard se portait sur la route de Vosnes où auraient dû déjà apparaître les compagnies de Nuits. A la nuit tombante, le commandant fit retirer les compagnies sur le plateau en ayant soin de laisser des sentinelles sur la hauteur où avait commencé l'attaque.

Les compagnies de Nuits n'arrivèrent à Vosnes qu'assez tard, soit que le vent et la pluie les aient empêchées d'entendre le son du canon, soit aussi qu'il y ait eu tiraillement pour le commandement de ces compagnies et qu'on ait perdu du temps en vaines discussions.

Toutefois, cette simple marche en avant, quoique tardive, suffit pour décider la retraite des Prussiens qui évacuèrent Flagey, Vougeot et se retirèrent sur Dijon.

Nous avions de notre côté quelques pertes ; malgré notre dispersion en tirailleurs, nous eûmes 4 tués par les obus autour des pièces. Le lieutenant Vitale reçut une fort grave blessure dans la face.

Nos jeunes artilleurs s'étaient singulièrement bien comportés, quoique voyant le feu pour la première fois. Le maréchal des logis Denis, ancien sous-officier de marine, fut promu sous-lieutenant.

Le 24, le corps prenait position à Nuits avec postes à Vougeot, Vosnes, Concœur, et attendait avec impatience les munitions pour reprendre l'offensive. Du 25 au 26, les compagnies continuèrent les reconnaissances sur Gevrey.

En ce moment arrivaient à Beaune le bataillon de mobilisés de la Gironde et la 2e légion du Rhône, et en même temps que ces troupes, deux généraux, Crevisier, général de division, et Cremer, général de brigade, tous les deux jeunes et pleins d'ardeur, Crevisier se plaignant de Cremer et ce dernier demandant le renvoi de son chef dont il proclamait publiquement l'incapacité.

Le général Crevisier nous fit demander notre concours qui lui fut immédiatement acquis. Le général Cremer arriva le 27 à Nuits.

En conséquence, lorsque nos compagnies se portèrent en avant sur Curley et Chambœuf dans la matinée, quelques coups de feu furent tirés en avant de Gevrey sur quelques ennemis fort audacieux qui furent manqués d'une façon impardonnable, un seul fut tué sans pouvoir donner le moindre renseignement. Nos éclaireurs poussèrent jusqu'à Marsannay où ils signalèrent un poste ennemi assez important.

On se proposait de marcher le lendemain sur Dijon et d'attaquer cette ville par la route de Beaune et par la montagne, pendant que Garibaldi déboucherait par la vallée de l'Ouche. Ce projet, peu médité d'ailleurs, ne devait pas réussir. Garibaldi s'était fait battre le 26 et le 27 et nous n'en savions rien le 28 au matin.

Déjà plusieurs de nos compagnies étaient à Flavignerot et s'apprêtaient à marcher pendant la nuit sur Çorcelles occupé par l'ennemi, afin d'amorcer et de faciliter la besogne du lendemain, quand le chef d'état-major du général Cremer, le colonel Poullet, nous donna avis que Garibaldi, battu la veille, s'était replié sur Arnay-le-Duc, et que les deux bataillons de mobilisés se retiraient sur Beaune.

Les compagnies avancées purent être informées en temps utile de ce fâcheux contretemps, et le 29 au soir, le corps occupait Meuilley avec compagnies à Chaux, Concœur et les différentes hauteurs voisines de Nuits.

Les deux compagnies des Pyrénées-Orientales furent laissées à Curley avec mission d'observer la marche de l'ennemi dans la direction de Gevrey et de Nuits.

Le lendemain 30 novembre, dans la matinée, une section des Pyrénées se portait entre Gevrey et Brochon et s'embusquait dans les vignes et dans les maisons.

A 9 heures, quelques cavaliers ennemis se présentèrent et furent mis en fuite laissant un des leurs sur le terrain.

Peu de temps après, deux petites colonnes prussiennes d'environ 400 à 500 hommes s'avancèrent l'une par la route, l'autre par le chemin de fer, pendant qu'une troisième suivait les hauteurs. La section des Pyrénées dut se replier sous le feu de l'artillerie prussienne, elle n'eut qu'un homme tué, elle rallia les deux compagnies de Chambœuf qui, suivant les ordres, se retirèrent sur Meuilley et sur Nuits où elles n'arrivèrent que dans la soirée.

Les trois colonnes prussiennes se dirigèrent sur Nuits qui n'était occupé que par une quarantaine d'hommes sous les ordres du lieutenant Dyen. Cet officier montra une rare énergie; ayant fort intelligemment embusqué ses hommes qu'il encouragea de la voix et de l'exemple, il reçut par une vive fusillade l'avant-garde ennemie qui dut se replier; les Badois durent mettre leurs pièces en batterie pour déloger ces tirailleurs qui se replièrent dans les vignes en arrière de Nuits tout en continuant le feu.

Au son du canon, toutes les compagnies franches avaient pris les armes et toutes arrivèrent presque en même temps sur Nuits, suivant les instructions que chacun avait reçues en cas d'attaque de cette ville.

La 3e et la 4e compagnie, postées à Concœur, descendirent immédiatement sur Nuits par les hauteurs, sans s'inquiéter du feu de deux pièces.

Les 2e, 7e et 11e compagnies sorties de Chaux se portèrent sur le plateau qui domine Nuits et engagèrent de suite la fusillade sur la gauche. En ce moment nous venait un secours inespéré : le général Cremer arrivait avec la 2e légion du Rhône et le bataillon de la Gironde.

Le colonel Ferrer avec la 2e légion du Rhône attaqua vivement par la route de Beaune, tandis que les mobilisés de la Gironde arrivaient à côté de nous sur la hauteur.

Quelques moments après, une de nos pièces ouvrit le feu contre l'artillerie prussienne. Les 10e et 8e compagnies arrivèrent et se mêlèrent à la gauche des mobilisés de la Gironde dont quelques compagnies restaient indécises. La fusillade devint fort vive, nos tirailleurs descendaient peu à peu, l'ennemi cédait le terrain, ses obus en éclatant projetaient des cartouches incendiaires qui nous annonçaient la fin de ses munitions.

A chaque obus qu'ils recevaient, les Badois, rangés en bataille près de la voie du chemin de fer, paraissaient flotter, la charge fut sonnée et toutes les compagnies franches, sauf deux compagnies, se précipitèrent dans la ville, tuant ou faisant prisonniers les quelques Prussiens qui se réfugiaient dans les maisons.

Les Prussiens, en pleine déroute, se dirigèrent en grande hâte sur la Berchère et de là dans les bois pour regagner la route de Dijon.

La 2e légion du Rhône, sous la conduite de son brave colonel Ferrer, qui avait eu un cheval tué sous lui, entrait aussi dans la ville par le sud.

La poursuite des Prussiens aurait été très fructueuse pour nous, mais la nuit était venue. Les troupes étaient confondues et il ne fut pas donné suite à ce projet.

La 5e compagnie (capitaine Grillet), venue en toute hâte de Reulle-Vergy, arriva à Nuits où nos compagnies sonnaient la charge. Les soldats, malgré leurs fatigues, poursuivirent l'ennemi et firent 9 prisonniers. Cette journée ne nous coûta que 3 tués et 5 blessés, dont 1 officier.

Le lieutenant Dyen et le sergent Estoffey furent cités à l'ordre. Ce dernier, entouré de Prussiens et sommé de se rendre, fit bravement feu et reçut une blessure. Dans cette journée, les compagnies montrèrent une grande énergie et un grand amour de la patrie.

Le soir du combat, un incident soulevé à propos de la garde des prisonniers amena un fâcheux conflit d'autorité; il fut heureusement terminé en les laissant à ceux qui les avaient pris.

Nuits fut occupé par la 2e légion du Rhône et les mobilisés de la Gironde, et le corps franc retourna dans la montagne, occupant Chaux et les villages voisins.

Pendant la nuit, nos éclaireurs nous apprirent qu'une colonne prussienne remontait la vallée de l'Ouche; le 1er décembre au matin, le corps occupa Savigny avec forts postes à Bouze, qui devaient fouiller Bligny que les Prussiens avaient évacué à leur arrivée.

Le lendemain, la 1re légion du Rhône (colonel Celler) prenait cette direction et le corps revenait à Nuits où il prit position le 3.

Les Prussiens occupaient solidement la route de Dijon à Genlis avec de forts postes munis de canons, à Chenove, Marsannay, Longvic, Ouges et Bretenières dans la plaine, à Corcelles dans la montagne. Ils envoyaient tous les jours dans la place de fortes reconnaissances qui ravitaillaient Gevrey, Broindon, Épernay.

Le colonel Bourras se proposa, en attendant l'arrivée d'une armée assez nombreuse pour prendre l'offensive, d'arrêter les reconnaissances ennemies afin de rétrécir le rayon des incursions ennemies et de prévenir une attaque de vive force sur Nuits ou Beaune.

L'administration et l'organisation des compagnies furent minutieusement examinées, les cadres épurés; quelques chefs, ne possédant pas l'énergie et la moralité nécessaires, furent éliminés. Le mode d'élection exclusive par les inférieurs fut proscrit. La municipalité se montra patriote sous la direction du maire, M. de Baezza. Les habitants s'empressèrent de fournir à nos soldats des souliers, des bas, des flanelles, des chemises dont ils avaient besoin.

Les lois militaires furent rendues publiques et rigoureusement appliquées par la cour martiale, aussi les habitants nous devinrent-ils favorables, nos soldats étaient reçus affectueusement et leurs reconnaissances en étaient singulièrement facilitées.

Le chef du corps établit une partie de quatre

compagnies, se reposant et formant réserve, à Nuits et à Chaux où étaient l'artillerie et le parc, et disposa les autres en avant-postes dans toutes les directions : à Meuilley pour surveiller la route du Pont-d'Ouche ; à Nuits, à Concœur, Legroix et Villars-Fontaine pour garder la montagne ; à Vosnes et Vougeot pour observer la route de Dijon ; à Boncourt pour surveiller la route de la plaine.

Chacune de ces compagnies devait être rangée sur deux rangs au lever du jour et avait l'ordre de pousser des reconnaissances au loin et de se tenir continuellement en contact avec l'ennemi ; quand elle partait tout entière, elle était remplacée par une compagnie de réserve.

Chaque compagnie détachée recevait deux éclaireurs à cheval ; ce chiffre fut porté à cinq quelque temps après, lorsque le corps reçut un escadron de 120 chevaux.

Chaque journée fut marquée par de petits engagements avantageux entre nos reconnaissances et les éclaireurs prussiens.

Le 5, la compagnie de la Haute-Saône tua quelques cavaliers et fit un prisonnier à Saint-Bernard où M. Gevrey, médecin en chef de l'hôpital de Vesoul et servant comme simple franc-tireur, montra un sang-froid surprenant. Ce digne patriote servait avec son fils, substitut à la Martinique [1], et montra, pendant la campagne, un exemple frappant de bravoure et de désintéressement.

Ces exemples venant d'hommes estimés et respectés contribuaient grandement à maintenir chacun dans la voie du devoir.

Ce même jour, la 10e compagnie faisait une reconnaissance à Gevrey.

Le lendemain une section de la Haute-Saône, sous les ordres du capitaine de Perpigna, faillit être surprise près d'Épernay sur la voie romaine, et put se retirer sans dommage sur Boncourt. Le paysan qui avait signalé aux Prussiens l'embuscade française fut traduit devant la cour martiale et passé par les armes.

Ce jour et le lendemain, des fractions des 4e et 10e compagnies se tiraillèrent avec les Prussiens postés au delà de Gevrey, à Fixey et Fixin.

Pendant la nuit suivante, le capitaine Boulay, avec les 2e et 15e compagnies, força le poste prussien de Fixin de se replier sur Marsannay. —

1. Aujourd'hui conseiller à la cour d'appel de Grenoble.

Le 9, la 3e compagnie ramena un prisonnier de Broindon.

Les journées des 10 et 11 furent également marquées par des escarmouches. La 5e compagnie fit plusieurs prisonniers à Broindon et Épernay. Le 10, le général Cremer, cantonné à Beaune, fit transmettre au colonel Bourras l'ordre d'avoir à fondre ses troupes dans son petit corps d'armée formé par les légions mobilisées du Rhône, et de rentrer à Beaune.

Les dissentiments qui avaient pris naissance déjà dans la journée du 30 novembre, augmentèrent; l'ordre donné présentait de grandes difficultés. Tous les soldats du corps franc étaient dénués de sacs et de tentes-abris, et leur incorporation dans des troupes régulières ne pouvait se faire immédiatement en raison de la constitution même du corps ; ces difficultés furent augmentées par le ton cassant du général Cremer, à qui déjà, à tort ou à raison, quelques personnes reprochaient la violation de la parole donnée, à sa sortie de Metz, et hésitaient à donner leur confiance. Ces dissentiments furent connus des soldats qui montrèrent des dispositions hostiles envers le général Cremer, à la suite desquelles le corps franc rentra en ordre à Beaune le 12.

La question portée devant le général commandant à Lyon et devant le Gouvernement, fut tranchée en faveur du corps franc qui rentra à Beaune pour fournir les hommes des effets de toute nécessité.

Le 16, le corps franc quitta Beaune et occupa, le soir, Corberon et les villages voisins; le 17, Auvillars, Broin, et les ordres furent donnés pour partir pour Saint-Jean-de-Losne. Les 2e et 5e compagnies devaient partir à l'avant-garde pour réparer le pont avant l'arrivée des autres qui devaient marcher en deux groupes.

Le soir même, le colonel alla à Nuits pour se rendre compte de la situation; le général Cremer s'y trouvait avec les 1re et 2e légions du Rhône et le 32e de marche[1].

Les cavaliers ennemis, depuis le départ du

---

1. Quelques corps francs étaient également à Nuits, notamment une des deux compagnies des francs-tireurs libres du Rhône qui devaient être incorporées dans le corps franc des Vosges après la retraite de l'armée de l'Est. Ce corps franc avait pris une belle part à la défense de Dijon, le 30 octobre, et devait, pendant la bataille de Nuits, marcher en tête de la colonne qui repoussa l'ennemi au delà de Meuilley (A.-D.).

corps franc, étaient devenus hardis et avaient été aperçus aux environs de Vougeot.

Le brave colonel Celler, qui commandait la 1re légion du Rhône, et devait trouver une mort glorieuse le lendemain, ne paraissait pas très satisfait de la position des troupes. Il avait l'ordre de pousser le lendemain jusqu'à Gevrey avec sa légion, et témoignait un certain regret de voir ses flancs découverts, et notre colonel le quitta vers minuit n'ayant d'autre instruction que celle-ci : si on entendait le canon, ce serait une lutte de reconnaissance aux environs de Gevrey.

Le 18, nos compagnies d'avant-garde étaient arrivées à Saint-Jean-de-Losne et le passage était en partie rétabli, quand la canonnade se fit entendre. Quelques cavaliers furent envoyés dans la direction d'Aubigny et rapportèrent que le combat se livrait près de Gevrey. Les dernières compagnies n'arrivèrent que vers 2 heures. En ce moment la canonnade s'était sensiblement rapprochée et on put se convaincre qu'elle avait lieu aux environs de Nuits. Immédiatement les compagnies furent réunies et dirigées sur Aubigny, les premières purent arriver à l'abbaye de Cîteaux à la nuit tombante, où elles durent s'arrêter, le silence s'étant rétabli dans toute la plaine et le résultat de la lutte étant encore ignoré ; des cavaliers avaient été envoyés sur Nuits dès les premiers coups de canon, aucun ne revint. Cremer avait à ses côtés plusieurs de nos éclaireurs, le commandant Wolowski, le lieutenant Daniszewski, aucun d'eux ne fut envoyé vers nous, dont l'arrivée en temps utile eût cruellement dérouté l'ennemi.

Nous apprîmes dans la nuit que le corps de Cremer se retirait sur Chagny et le lendemain matin les Prussiens rentraient à Dijon.

Le corps resta le 19 à Saint-Jean-de-Losne et se porta le 20 à Dôle menacé par les Prussiens, où il séjourna pendant quelques jours. La température commençait à éprouver les hommes, dont la plupart étaient fort peu habillés pour une campagne d'hiver.

Nous perdîmes à cette époque le brave capitaine Dautel[1], qui mourut des suites d'une ancienne blessure.

Le 27, une colonne prussienne ayant été signalée au passage du pont du côté de Pesmes, le corps franc se porta à Moissey et Pesmes.

---

1. Dautel était un vieil officier d'Afrique, retraité après une belle carrière ; à la nouvelle de l'invasion, il avait repris les armes (A.-D.).

Les éclaireurs constatèrent qu'une colonne prussienne avait été vue du côté de Pesmes et que les Prussiens semblaient remonter vers le nord dans la direction de Gray.

A cette époque, quatre corps d'armée, sous les ordres du général Bourbaki, se préparaient à tenter un effort suprême pour dégager la ville de Belfort qui continuait son énergique résistance. Les premières colonnes étaient déjà arrivées à Besançon et le général de Werder commençait à évacuer Dijon et à se retirer entre Vesoul et Belfort.

Selon les ordres reçus, le corps passa, le 28, l'Oignon à Marnay et quelques compagnies furent portées en avant dans la direction de Gray. Les Prussiens, dans leur retraite sur Vesoul, faisaient étape à Gray, où, certains jours, la garnison descendait à 2,000 ou 3,000 hommes, et envoyaient des reconnaissances nombreuses sur Marnay et Choye. Le 30 au matin, la 2e compagnie rencontra à Cresancey et Velesmes les Prussiens, qui eurent quelques hommes hors de combat dont un prisonnier. Le même jour, la 10e eut une escarmouche à Velesmes.

Le lendemain, à Cresancey, le capitaine Boulay,

aidé du capitaine Godard[1] qui commandait les chasseurs franc-comtois, repoussa de nouveau la reconnaissance prussienne qui fit quelques pertes.

A Velesmes, le capitaine Ferry, avec les 15e et 16e compagnies, délogea les Prussiens du bois où ils étaient embusqués. Malheureusement, le brave officier eut le bras fracassé par une balle, et sa disparition de la lutte fut très fâcheuse.

Ces Prussiens formaient l'extrême arrière-garde qui évacuaient Gray le jour même.

Le soir même, quatre compagnies entrèrent dans la ville, où tout le corps se porta le 1er janvier; pendant la nuit du 31 au 1er, nos cavaliers allèrent jusqu'à Dampierre tirer sur les postes ennemis.

On s'occupa immédiatement de rétablir le télégraphe et le chemin de fer d'Auxonne[2].

La marche des différents corps d'armée subissait des retards fâcheux. Le commandant Nicolas étant arrivé le 3 avec les mobilisés de la Haute-Saône, le corps franc se mit en route pour occuper l'extrême droite de l'armée de l'Est et arriva

1. Aujourd'hui ingénieur en chef des ponts et chaussées à Alger.

2. Cette opération, dirigée par M. le lieutenant Mansuy, fut rapidement menée à bien par le sergent Guénon, secrétaire du colonel et ancien employé de la Compagnie de l'Est.

à Clerval le 6, en passant par Bucey-lès-Gy le 3, par Cirey le 4, Luxiol le 5.

La route de Clerval à Pont-de-Roide était occupée par quelques détachements français et un bataillon de garde nationale mobile se trouvait seul à Blamont pour protéger l'espace entre le Doubs et la frontière suisse.

Le corps partit le 7 de Clerval, et marchant par Villars-sur-Étole traversa le Doubs à Bourguignon et arriva le 8 à Écurcey avec postes à Boudeval, Roche et Glay.

Les Prussiens occupaient les hauteurs en grande partie boisées qui forment la rive droite du Gland, ruisseau qui se jette dans le Doubs en amont du village d'Audincourt; à Boudeval, se trouvait une compagnie franche de zouaves, à Roche, des forestiers et mobilisés du Doubs. Leurs sentinelles postées en face des sentinelles prussiennes, s'observaient et vivaient en assez bonne intelligence.

Pour connaître exactement les positions et les forces de l'ennemi, des reconnaissances assez fortes furent ordonnées sur tous les points du côté de Boudeval, où se trouvaient les 3ᵉ, 8ᵉ et 15ᵉ compagnies; le capitaine Godard partit avec sa compagnie appuyée par la 3ᵉ qui occupa Seloncourt, obligea les postes prussiens qui étaient en avant de Vaudoncourt à se replier sur cette localité; ses hommes arrivaient aux premières maisons lorsque les Prussiens, appuyés d'une colonne de 700 à 800 hommes sortis de Vaudoncourt, reprirent l'offensive, les deux compagnies rentrèrent à Boudeval après avoir épuisé toutes leurs munitions sans pertes sérieuses et ramenant un prisonnier.

Nous sûmes que le général Diebitch devait se trouver aux environs de Beaucourt avec une dizaine de mille hommes éparpillés dans les villages avoisinants, dont plusieurs avaient les maisons et murs de clôture crénelés et couverts par de petits retranchements.

Les positions prussiennes nous dominaient et tous nos mouvements étaient aperçus. Nous résolûmes d'aborder le plateau en prenant pied à Abbevillers où ne se trouvaient pas habituellement les Prussiens qui, postés à Croix, surveillaient ce point par de fréquentes patrouilles.

Le 10 janvier, les 2e et 7e compagnies partirent de Glay en se dirigeant sur Abbevillers, tandis que la 4e partait de Meslières pour y arriver par les Fourneaux.

Elles devaient se retrancher dans le village et

faire tous leurs efforts pour l'occuper. A peine y arrivaient-elles qu'une colonne de 700 à 800 Prussiens, précédée d'un détachement de cavalerie, sortit de Croix et s'avança sur Abbevillers.

La 2ᵉ s'embusqua dans les premières maisons et la 7ᵉ à sa droite en dehors du village, la 4ᵉ à sa gauche dans le cimetière. Cette dernière compagnie, assaillie avant d'arriver à son poste, ne montra pas une énergie suffisante.

Le feu s'engagea immédiatement. Les Prussiens mirent 3 pièces en batterie sur une petite éminence entre Croix et Abbevillers et à mille mètres de ce dernier. La 2ᵉ compagnie continua le feu sur l'infanterie. Le capitaine Salmon concentra le feu de ses tirailleurs sur les pièces ennemies qui durent reculer sur la lisière du bois. La 2ᵉ et la 7ᵉ se retirèrent lentement en faisant feu jusqu'au Rombois et de là sur Glay[1].

---

1. A la date du 11, le capitaine de la 15ᵉ écrivait : « Je suis bien pauvre en effets (pantalons, vareuses, souliers surtout), j'ai beaucoup de monde qui marchent pieds nus. Ces braves gens s'estropient et quelques-uns déjà ont été forcés de rester en route. Je me recommande à vous pour tâcher de soulager cette misère le plus possible. J'ai beau répéter que nos pères se battaient en 93 sans souliers ni sabots. Cela ne guérit pas leurs maux et il leur faut une bien grande force de volonté pour marcher quand même. Je ne remarque cependant pas de murmure, etc. » (*Note du colonel Bourras.*)

Dans ces engagements où les capitaines Boulay et Salmon firent preuve de coup d'œil, leurs deux compagnies n'eurent qu'un tué et 6 blessés assez grièvement. Le soir même, plusieurs compagnies furent installées au Rombois et aux Fourneaux pour faciliter une attaque nocturne[1].

Le lendemain 11 et le surlendemain 12, le corps occupa Bondeval, Hermoncourt, Meslières et Glay; le plateau de Blamont à Tulay était gardé par les mobiles du colonel de Vezet[2].

Les Prussiens avaient évacué Abbevillers et des escarmouches eurent lieu en avant de Bondeval et dans le bois de la Charbonnière.

Le lendemain 13, selon les ordres reçus du commandant de l'armée de l'Est, toutes les com-

---

1. Les pertes de la 4e n'ont pu être exactement connues. Le sous-officier Feffer avait eu la poitrine traversée par une balle et fut laissé sur le terrain ; il fut recueilli et ramené à la vie par des paysans. (*Note du colonel.*)

M. Feffer est aujourd'hui commis dans les bureaux de la préfecture de police. Il avait été proposé pour la médaille militaire, mais le bruit de sa mort ayant couru, la proposition fut retirée. Après la guerre, il se présenta à son ancien chef, qui ne put obtenir pour lui cette juste récompense (A.-D.).

2. Les opérations se faisaient malgré 60 à 80 centimètres de neige. Les hommes, mal habillés, souffraient du froid excessif ; tous les matins, en relevant les postes avancés, on était obligé d'envoyer

pagnies quittèrent leurs positions vers midi et marchèrent sur Croix, avec l'appui d'un bataillon de mobiles envoyé de Blamont et escortées de 5 obusiers de montagne.

La 15e et la 17e furent postées dans les bois situés entre Abbevillers et Vaudoncourt pour les fouiller et surveiller les Dasles et Montbouton. Les autres compagnies se dirigèrent sur Croix en lignes de tirailleurs soutenues par le bataillon de gardes mobiles. Les postes prussiens placés dans le bois en avant de Croix se replièrent sur cette localité après une assez vive fusillade soutenue par les 10e, 8e et 6e compagnies.

Les 4 obusiers furent mis en batterie en face de Croix à environ 1,200 mètres et enga-

---

aux ambulances deux ou trois hommes ayant les pieds gelés. Les officiers montraient le meilleur exemple et les hommes, malgré les privations de toutes sortes, faisaient preuve de la meilleure volonté. A la date du 11, le capitaine Godard, un des officiers les plus vigoureux, écrivait :

« Mais tout le monde sentait que l'armée de l'Est s'approchait de Montbéliard et que le dénouement était proche et cachait soigneusement les défaillances.

« Néanmoins, malgré ces misères que les officiers de tous grades ne pouvaient soulager, mais qu'ils partageaient, les hommes étaient remplis d'abnégation et de dévouement et la discipline se maintenait intacte. » (*Note du colonel.*)

gèrent une lutte d'artillerie avec l'artillerie prussienne.

La canonnade se prolongea sans résultat apparent de 1 heure de l'après-midi à 4 heures du soir. Nos obus fusants ne produisaient aucun effet visible sur les maisons et sur les barricades que l'ennemi avait construites en fumier à tous les abords du village.

En ce moment, les 2e et 4e compagnies étant arrivées sur la lisière de la forêt du Bombois, engagèrent une vive fusillade avec des tirailleurs prussiens qui se déployaient sur notre gauche.

Ces tirailleurs furent refoulés dans Croix et nos tirailleurs tirèrent sur les pièces ennemies dont le feu se ralentissait sensiblement; de notre côté, nous avions presque épuisé nos munitions d'artillerie, 600 à 700 obus. La nuit venait et les colonnes d'attaque se préparaient à marcher sur le village, quand une colonne prussienne venant de Saint-Dizier apparut sur la hauteur de Croix.

Devant ce déploiement, une attaque de vive force ne fut pas jugée possible, et les compagnies furent ralliées et ramenées sur Abbevillers.

Le temps était affreux, les hommes marchant dans le bois, à travers 60 à 80 centimètres de neige, souffraient beaucoup; tous les jours l'effectif diminuait soit par le feu, soit par la maladie. Pendant cette journée, nous ne perdîmes que 6 hommes dont un broyé par un obus qui l'atteignit au ceinturon; ses camarades furent fâcheusement impressionnés de ce triste accident.

Chaque matin, en relevant les avant-postes, nous étions obligés d'envoyer dans les ambulances 2 ou 3 hommes ayant les pieds gelés.

4 compagnies restèrent à Abbevillers, les autres se mirent dans les villages en arrière pour avoir un peu de repos.

Le 14, les postes qui n'étaient distants que de 700 à 800 mètres tiraillèrent toute la journée.

Le 15, le capitaine Godard partit avec la 17e et la 18e pour attaquer Montbouton, laissant la 11e sur un petit plateau en arrière pour surveiller le village de Vaudoncourt; le poste prussien fut assailli vivement et 1 homme fut ramené prisonnier[1]. Les Prussiens mirent 3 pièces en batterie. Nous

---

1. Le poste prussien, dont on put s'avancer à 50 pas, fut surpris et tué à l'exception d'un seul qui put se sauver; l'ennemi plaça quelques canons entre Dasle et Montbouton. Les deux compagnies des Pyrénées montrèrent de la bravoure et la 2e fut éprouvée et eut 1 homme tué et 3 blessés assez grièvement (tué, Ribeil; blessés, Barrère, Cougost, Gubillon). [*Note du colonel.*]

eûmes 1 homme tué et 3 hommes blessés grièvement.

Les Prussiens durent subir des pertes sérieuses, car les « Pyrénées » les prenaient à revers dans le cimetière.

Pendant toute la journée, on avait entendu une forte canonnade du côté de Montbéliard. Nous sûmes par le télégraphe du Pont-de-Roide que l'armée de Bourbaki avait enlevé Montbéliard, moins le château, et que l'attaque recommencerait le lendemain.

Le 16, dès le matin, nous apprîmes que l'attaque de Montbéliard n'avait pas réussi, les postes prussiens à 800 mètres du village furent renforcés et nous nous attendîmes à une attaque. Tout le monde prit son poste de combat derrière de petites barricades qui furent établies en hâte.

Les sentinelles se contentèrent de tirer quelques coups de fusil. Enfin, aucune attaque ne paraissant avoir lieu, le capitaine Grillet, commandant la 5e, reçut l'ordre d'aller sonder le village de Vaudoncourt, la 3e devait appuyer ses flancs.

A 2 heures, la 5e compagnie prenait position dans le bois de Hamont, déployée en tirailleurs, la 1re section à droite et la 2e section à gauche du ravin. Arrivée à la lisière de la forêt, à 50 ou 100 mètres du village, elle fut assaillie par une fusillade nourrie partant des maisons et du retranchement à laquelle elle répondit bravement.

Le combat dura jusqu'à la nuit et la compagnie rentra à Abbevillers ramenant 6 blessés dont 1 fort gravement.

Pendant le combat se passait un épisode qui faillit prendre une certaine importance. Dans la matinée, quelques bons tireurs avaient demandé la permission d'user quelques cartouches contre des groupes ennemis qui se montraient à un millier de mètres.

La permission leur ayant été accordée, ils en avaient profité pour démonter un cavalier en sentinelle, et cette escarmouche semblait terminée, lorsqu'un Polonais de la 6e compagnie, le nommé Brozowski, sortit en rampant et, s'approchant du poste ennemi par bonds et en poussant des cris sauvages, se mit à tirer d'une façon probablement fort gênante, car le poste ennemi sortit rapidement et allait s'emparer de notre homme qui venait d'avoir le bras fracassé d'une balle, quand les francs-tireurs, qui regardaient la scène des premières maisons d'Abbevillers, sortirent précipitamment, engagèrent la fusillade et repoussèrent le poste dont la maison fut brûlée.

Le capitaine Pistor était à la tête d'une vingtaine d'hommes qui se grossirent successivement et arrivèrent jusqu'aux premières maisons de Croix qui furent même un instant abandonnées par l'ennemi. La nuit arrivant et la fusillade redoublant, on fut obligé de faire sortir 4 ou 5 compagnies qui rallièrent facilement les gens en avant, non sans avoir dans les ténèbres quelques hommes blessés.

Le 17, nous n'avions aucune nouvelle de l'armée de l'Est, et l'augmentation des forces prussiennes autour de nous ne nous présageait rien de bon, et nous invitait à une grande vigilance.

Toutes les compagnies furent tenues sur la défensive et occupèrent Hérimoncourt, Abbevillers et Glay. Ces dernières ayant l'ordre de se porter sur celui de ces deux points qui serait attaqué.

Le capitaine Godard, commandant à Abbevillers, envoya vers 10 heures quelques cavaliers sonder les bois dans la direction de Croix et de Vaudoncourt. En arrivant près de la lisière, ils furent reçus par une fusillade rapprochée et l'un d'eux reçut le coup mortel et tomba de cheval; dans l'impossibilité d'aller chercher le cadavre, en présence des embuscades, on dut amener deux pièces pour fouiller la forêt et, sous la protection de ce feu, quelques jeunes gens de la Haute-Saône, s'offrant volontairement pour cette besogne périlleuse, purent heureusement rapporter le cavalier et ramener le cheval.

Cette canonnade nous fut très fâcheuse pour la journée du lendemain, car nous ne pûmes remplacer les munitions employées qui nous firent grande faute.

Le soir, les compagnies furent ainsi cantonnées: la 1re (de Perpigna), la 3e (Hoffbourg), les 2 compagnies des Pyrénées (Olszewski), la 14e (Cottin) et la 15e (Godard), à Abbevillers.

Les 2e, 7e, 8e et 10e, à Hérimoncourt ; la 4e et la 16e, aux Fourneaux; la 5e et la 6e, à Glay, étaient à Meslières et à Glay, avec ordre de se porter à Abbevillers au son du canon.

Dès le 18 au matin, l'état-major quitta Glay, très anxieux de la retraite de l'armée de l'Est dont on connaissait la triste réalité, passa à Hérimoncourt vers 11 heures, recommandant à tous une grande surveillance, en prévision d'une attaque certaine, et s'engageant au grand trot dans le chemin creux qui conduit à Abbevillers, arriva dans cette dernière localité au moment précis où les Prussiens, postés à 1,000 ou 1,200 mètres, commençaient à bombarder les premières maisons. Chacun se précipita à son poste, et le combat s'engagea immédiatement. Déjà sept ou huit maisons étaient en flammes, et les Prussiens, formés en bandes de tirailleurs soutenus par des pelotons, s'avançaient vivement sur le village de trois côtés.

Nos hommes, abrités derrière les barricades, engagèrent une vive fusillade, et nos deux pièces d'artillerie firent feu sur la colonne prussienne qui cherchait à tourner notre droite vers la frontière suisse. Cette colonne s'arrêta et ne nous causa plus d'inquiétude.

Dès le commencement du combat, un cavalier nous informait que Hérimoncourt était au pouvoir des Prussiens ; notre gauche était complètement découverte, et le capitaine-ingénieur Godard, qui voulut s'assurer du fait, trouva le chemin occupé par l'ennemi et faillit être pris.

Nos quatre compagnies d'Hérimoncourt, assaillies à l'improviste et en nombre supérieur, ne présentèrent pas une résistance suffisante et, par un fâcheux accident, les mobilisés de Tulay et Roche leur tuèrent et blessèrent quelques hommes pendant que les officiers cherchaient à rétablir le combat sur les hauteurs en arrière d'Hérimoncourt.

Au centre et à la droite, les 1re, 3e, 14e et 15e (capitaines Godard, de Perpigna, Hoffbourg, Cottin) soutenaient une fusillade meurtrière et arrêtaient l'ennemi.

A notre gauche, que la prise d'Hérimoncourt découvrait complètement, les deux compagnies des Pyrénées qui garnissaient les deux petits redans construits sur la hauteur, reçurent l'ordre de ployer légèrement une partie de leurs derniers hommes pour surveiller le chemin d'Hérimoncourt. Cet ordre, mal communiqué ou mal compris dans la chaleur de l'action, causa un certain trouble dans les compagnies qui abandonnèrent leurs positions en se repliant sur le village qu'elles franchirent en désordre. L'ennemi arrivant aussitôt sur les hauteurs et dans le cimetière, fit un feu très dangereux sur les défenseurs des barricades qui n'étaient plus défilées. Le capitaine Godard, qui se trouvait de ce côté des barricades, eut en un instant son lieutenant tué et 12 hommes tués ou blessés grièvement. La 16e, qui était arrivée des Fourneaux, ne put rétablir le combat et, pendant que les compagnies de droite tenaient bon, le trouble s'emparait des compagnies de la gauche, qui purent enfin être ralliées à 800 mètres en arrière, grâce à l'énergie des officiers qui, le colonel en tête, mirent à la main sabre et pistolet pour faire reformer les pelotons.

En ce moment arrivaient en bel ordre la 5e et un peu après la 6e compagnie.

Les deux compagnies des Pyrénées descendirent par les Fourneaux sur Meslières pour protéger la retraite par Glay, et pendant que les compagnies se formaient sur deux rangs pour former les soutiens, la 5e se déployait tout entière en tirailleurs, appuyée sur sa gauche par une section de la 16e et soutenue en 2e ligne par la 3e. Pendant les préparatifs faits sous le feu de l'ennemi, nous apercevions une colonne prussienne à Roche prête à nous fermer la retraite si elle s'emparait de Blamont. D'un autre côté, nous ne pouvions en plein jour battre en retraite et traverser le ravin de Glay en présence d'un ennemi à nos trousses. L'ordre de marcher en avant fut donné, et les compagnies déployées en tirailleurs au son des instruments et de chansons patriotiques se précipitèrent avec le plus grand entrain sur Abbevillers.

Les Prussiens cédèrent devant cette attaque, évacuèrent le village en flammes et une vive fusillade s'établit par-dessus les maisons de deux hauteurs opposées. La nuit étant arrivée, les tirailleurs furent rappelés, et les troupes formées en ordre parfait, après avoir envoyé à l'ennemi les deux derniers coups de mitraille qui nous restaient, nous descendîmes à Glay, sans être inquiétés et couverts par une compagnie d'arrière-garde.

Les six compagnies qui avaient soutenu le choc à Abbevillers avaient montré une grande ténacité, avaient perdu 53 hommes tués ou blessés laissés sur le terrain. Le capitaine Godard avait eu son lieutenant tué, le brave Ferrier, cité les jours précédents pour sa brillante bravoure. Les capitaines de Perpigna, Hoffbourg, Cottin avaient parfaitement dirigé leurs hommes au feu. Le capitaine Grillet nous rendit les plus grands services par la rapidité de sa marche depuis Glay, et par la belle attitude de sa compagnie marchant à l'attaque en ligne de tirailleurs[1]. Le lieutenant Mar-

1. La section du lieutenant Mansuy marchait en tête. Cet officier fut proposé pour la croix par le colonel Bourras ; cette proposition n'a pas été suivie d'effet. M. Mansuy, aujourd'hui inspecteur principal de la Compagnie de l'Est, appartenait déjà à cette Compagnie. C'est

quiset, renversé et contusionné par un obus, se remit bravement derrière sa barricade en fumier, et usa ses dernières cartouches. Le capitaine d'état-major Pistor fut brillant d'entrain et de sang-froid.

La 3e compagnie va à Blamont chercher des munitions d'artillerie laissées par les mobiles et les éclaireurs poussent jusqu'à Roche.

Le corps était extrêmement fatigué et à la nouvelle de l'arrivée d'un bataillon de mobiles venant de Saint-Hippolyte, il se mit en mesure de passer le Lomont et de gagner Saint-Hippolyte en passant par Montécheroux et Chamesol.

Les 20 et 21, à Saint-Hippolyte; on laisse reposer les troupes.

Sur l'invitation faite par le général commandant le 24e corps de l'armée de l'Est, qui se trouvait le 21 au Pont-de-Roide, les compagnies franches se mirent en marche le 22 et occupèrent le même jour Villars-lès-Blamont avec ordre de surveiller la frontière suisse, que les gardes mobiles commençaient à franchir en désertant avec armes

---

à son initiative et à son dévouement que l'on dut l'enlèvement du matériel laissé dans la gare de Metz. Quand le réseau fut aux mains de l'ennemi, il demanda l'autorisation de s'enrôler et entra dans le corps franc des Vosges, où il a rendu des services signalés (A.-D.).

et bagages et d'occuper Dannemarie. A Glay et Blamont sont cantonnées des compagnies de régiments de marche.

A notre arrivée, un sous-officier de la 16e, nommé Barabino, demanda à faire une reconnaissance à Abbevillers, où il avait laissé quelques effets; quelques coups de feu furent tirés sur une patrouille prussienne qui sortait du village, un ennemi tomba, mais pendant que le sous-officier le dépouillait de ses armes, il fut lui-même tué sur le cadavre.

A la nuit tombante, un vif engagement a lieu à Glay, où se trouve une compagnie d'un régiment de marche et où se porte en toute hâte la 10e compagnie: l'ennemi est repoussé avec pertes sensibles. La compagnie de marche reçoit l'ordre de se replier sur Blamont et la 10e rentra à Dannemarie. Toutes les compagnies restèrent sous les armes autour des feux à Villars-lès-Blamont.

Le 24 au matin, nos éclaireurs qui battaient les environs nous apprirent que le 24e corps avait complètement disparu. La 10e compagnie fut immédiatement rappelée de Dannemarie, et pour être prêts à toutes les éventualités, nous prîmes position de combat autour de Villars, l'artillerie en arrière sur la pente du Lomont, route de Chamesol. Nos hommes allèrent à Blamont et à Roche chercher des sacs de vivres et des munitions abandonnées et la journée se passa sans incident; la nuit, quelques coups de fusil furent tirés et les compagnies durent prendre les armes et bivouaquer comme la veille.

Dès le 25 au matin, ne voyant plus de troupes sur notre gauche, et les Prussiens menaçant de nous tourner, les préparatifs de départ furent ordonnés; une reconnaissance fut envoyée sur Blamont. A peine y arrivait-elle qu'une colonne ennemie, sortant de Roche, engagea la fusillade avec elle. L'ennemi mit 3 pièces en batterie à 200 mètres de Blamont et tira sur les éclaireurs à cheval et les tirailleurs. La colonne en route sur les pentes du Lomont s'arrêta. Nos deux pièces furent mises en batterie, l'ennemi gardant sa position, l'engagement prit fin. Vers 2 heures nous apprîmes l'occupation de Pont-de-Roide et nous nous acheminâmes vers Chamesol où nous arrivâmes à la nuit.

26, à Chamesol.

27, à Saint-Hippolyte tout le corps, sauf la 10e qui reste à Chamesol.

L'armée de l'Est avait continué son mouvement de retraite, et nous nous trouvions tout à fait en pointe.

A cette date, le général commandant à Besançon écrivait : « L'armée se décide à quitter les plateaux. Vous allez donc, bien malgré moi, vous trouver tout à fait en l'air et vous pouvez être coupé de nous ; prenez toutes vos précautions en conséquence, occupez des points où vous soyez à l'abri des attaques, vivez sur le pays, on fera un rappel de solde à votre retour, éclairez-vous comme il faut dans notre direction et tâchez de nous rallier avec tout votre monde ; l'armée est pour quelques jours encore sur les plateaux, essayez de gagner Morteau ; en vous serrant du côté d'Ornans, vous pourrez rentrer. »

Le 28, tout le corps était rassemblé à Saint-Hippolyte ; mis au courant de la situation, mais plein d'énergie et de confiance en ses chefs, il montra la meilleure attitude et fit ses préparatifs pour partir le lendemain.

28, à Russey et villages avoisinants.

29, à Morteau où dans la soirée nous apprîmes l'armistice.

Le 30, les compagnies furent réunies par les

capitaines, et diverses revues furent passées. Le colonel, inquiet de ne pas voir fixer les lignes de démarcation que comporte tout armistice, envoya des éclaireurs à cheval sur toutes les routes et apprit la marche continue de l'ennemi ; il envoie un officier à Pontarlier et il apprend dans la matinée les doutes qui s'élèvent sur la valeur de l'armistice. Le matin du 31, il envoie des officiers de cavalerie sur les routes de Russey et de Fuans pour parlementer avec l'ennemi. Le général Leibschutz, qui arrivait à Russey, voulut bien ordonner un repos de deux heures.

En même temps, le télégraphe de Pontarlier nous informe que l'armistice n'est pas applicable à l'armée de l'Est. L'ordre de départ est immédiatement donné et les compagnies se mettent en marche à 2 heures, arrivent aux Gras à 7 heures du soir[1]. Nous repartons le soir même à minuit et arrivons au point du jour aux premières maisons de Pontarlier, nous apprenons que le passage en Suisse est décidé ; la route est encombrée de voitures et de troupes.

---

1. Une partie aux Gras, une partie aux Allemands. Marche excessive et fatigante. (*Note du colonel.*)

Le colonel donne l'ordre de se remettre en marche, sans attendre deux compagnies en retard et qui, malheureusement, perdirent nos traces et suivirent le mouvement de l'armée en Suisse.

La colonne put arriver avec la plus grande difficulté, en coupant hommes et voitures, jusqu'au delà de la Cluse à l'endroit des Petits-Fourgs. Nous voyons revenir par cette route des régiments entiers de cavalerie dont les généraux nous assurent que Chaux-Neuve et même Mouthe sont occupés.

A la vue de ce navrant spectacle, une vive douleur s'empara de nous; nous voyions tomber la dernière armée de notre pays, qui restait désarmé devant un impitoyable ennemi.

Doutant encore de ce qui nous était assuré, et nous rattachant à la dernière lueur d'espoir, les officiers furent réunis, et tous, se faisant l'interprète de leurs hommes, sont d'avis d'essayer de s'ouvrir un passage par Mouthe, et de rentrer dans notre pays les armes à la main. On put trouver quelques pommes de terre qui, avec quelques biscuits pris sur la route de la Cluse, durent contenter tout le monde.

Quelques officiers, entre autres MM. de Lisac

et Marquiset, s'offrirent avec le plus grand dévouement à aller aux nouvelles dans toutes les directions et surtout du côté de Mouthe. Vers 9 heures du soir, nous apprîmes que Mouthe n'était pas occupé, et qu'il n'était pas même certain que Chaux-Neuve le fût.

Le départ fut fixé à minuit. Les hommes furent rassemblés à 11 heures du soir et, après un vigoureux ordre du jour lu aux troupes qui connurent pleinement la situation, ces braves gens se remirent en marche, marchant l'un derrière l'autre dans le plus grand silence, tous les officiers à pied, leurs chevaux ayant été mis à la disposition des hommes blessés, arrivèrent à Mouthe le 2 février, aux premières lueurs du jour. Là se trouvaient 300 ou 400 zouaves du régiment de marche qui ne tardèrent pas à nous suivre. Après un repos de quelques minutes, la colonne se remit en marche sur Chaux-Neuve où est le point de croisement des routes de Chapelle-des-Bois et des Planches.

A la distance de 1 à 2 kilomètres, les 50 à 60 cavaliers qui nous restaient furent formés en pelotons et reçurent l'ordre de fondre sur le village, et de s'emparer à tout prix d'une maison.

A l'arrivée de nos éclaireurs, 3 ou 4 cavaliers ennemis qui se trouvaient dans le village se retirèrent en toute hâte à Châtel-Blanc, à 2 kilomètres de là.

Les compagnies, en arrivant dans le village, se formèrent sur deux rangs pour permettre à la queue d'arriver. Dès que nous vîmes la tête des zouaves, la colonne repartit pour Chapelle-des-Bois où elle arriva vers 2 heures.

Les hommes étaient exténués de fatigue; craignant que les compagnies de grand'garde ne se livrassent au sommeil, malgré le voisinage de l'ennemi posté à Fontine, on fit appel à leur bonne volonté, et après quelques heures de repos, nous nous remîmes en marche, en passant par le mont Risou, sur Bois-d'Amont où nous arrivâmes vers 11 heures du soir.

L'entreprise de délivrance était menée à bonne fin et sur les figures fatiguées apparaissait un profond contentement.

Les billets de logement furent distribués vers minuit à la lumière de nombreuses lanternes. Il nous sera difficile d'oublier la profonde joie que reflétaient les figures fatiguées et amaigries de ces braves gens qui paraissaient remercier leurs officiers de leur avoir épargné le triste sort de leurs camarades.

Le 3 février, les hommes se reposèrent de leurs fatigues.

Le 4, à Gex.

Le 6, à Saint-Rambert.

7 et 8, exercice à Saint-Rambert.

9, cantonnement à Trévoux.

Le 24 mars, le licenciement fut commencé et terminé le 1er avril.

Le 26 mars, le général Crouzat donnait l'ordre de partir pour Saint-Étienne où le préfet et plusieurs citoyens avaient été assassinés.

Les compagnies étaient ou parties ou désarmées ; le colonel partit dans la nuit avec une soixantaine de cavaliers[1] qu'il avait sous la main.

Il arrivait dans l'après-midi du 27 à la caserne où se trouvait le général Savoye.

Le 28 au matin, l'hôtel de ville fut occupé par les troupes sans coup férir et, le 28 au soir, le détachement se rembarquait pour Trévoux où il arrivait ; le 31 mars, le colonel était appelé au

1. De l'escadron Wolowski (A.-D.).

commandement des gardes nationales du Rhône, et les opérations du licenciement étaient terminées le 1er avril.

Nancy, imp. Berger-Levrault et Cie.

www.ingramcontent.com/pod-product-compliance
Ingram Content Group UK Ltd.
Pitfield, Milton Keynes, MK11 3LW, UK
UKHW031936260826
14628UKWH00004B/1663